A Clementine Hollyer

GÉMINIS

Una guía para la mejor vida astrológica

STELLA ANDROMEDA

ILUSTRACIONES DE EVI O. STUDIO

cincotintas

Introducción   7

I.

Conoce a Géminis

Las características de Géminis   31
La parte física de Géminis   34
Cómo se comunica Géminis   37
La carrera profesional de Géminis   38
La compatibilidad de Géminis   41
¿Quién quiere a quién?   44

II.

Géminis en profundidad

El hogar de Géminis   55
Cuidados personales   57
Géminis: la comida y la cocina   59
Cómo gestiona el dinero Géminis   61
Géminis y su jefe   62
Vivir con Géminis   65
Géminis y las rupturas   66
Cómo quiere Géminis que le quieran   69
La vida sexual de Géminis   72

III.
Quiero saber más

Tu carta astral   76
El efecto de la Luna   80
Los 10 planetas   83
Los cuatro elementos   89
Signos mutables, fijos y cardinales   92
Las 12 casas   95
El ascendente   101
El retorno de Saturno   103
La retrogradación de Mercurio   104

Agradecimientos   108
Acerca de la autora   109

Introducción

En el pronaos del templo de Apolo en Delfos había una
inscripción con la frase «Conócete a ti mismo». Se trata
de una de las ciento cuarenta y siete máximas, o normas de
conducta, de Delfos y se le atribuyen al propio Apolo. Más
adelante, el filósofo Sócrates amplió la idea y afirmó que
«una vida sin examen no merece ser vivida».

Las personas buscamos el modo de conocernos a nosotras
mismas y de encontrar sentido a la vida e intentamos entender
los retos que plantea la existencia humana; con frecuencia,
recurrimos a la psicoterapia o a sistemas de creencias, como
las religiones organizadas, que nos ayudan a entender mejor
la relación que mantenemos con nosotros mismos y con los
demás y nos ofrecen herramientas concretas para conseguirlo.

Si hablamos de los sistemas que intentan dar sentido
a la naturaleza y a la experiencia humanas, la astrología
tiene mucho que ofrecernos mediante el uso simbólico
de las constelaciones celestes, las representaciones de los
signos zodiacales, los planetas y sus efectos energéticos. A
muchas personas les resulta útil acceder a esta información y
aprovechar su potencial a la hora de pensar en cómo gestionar
su vida de un modo más eficaz.

¿Qué es la astrología?

En términos sencillos, la astrología es el estudio y la interpretación de la influencia que los planetas pueden ejercer sobre nosotros y sobre el mundo en el que vivimos mediante el análisis de sus posiciones en un punto temporal concreto. La práctica de la astrología se basa en una combinación de conocimientos fácticos acerca de las características de esas posiciones y la interpretación psicológica de las mismas.

La astrología es más una herramienta para la vida que nos permite acceder a sabiduría antigua y consolidada que un sistema de creencias. Todos podemos aprender a usarla, aunque no tanto como herramienta para adivinar o ver el futuro, sino como una guía que nos ofrece un conocimiento más profundo y una manera más reflexiva de entender la vida. La dimensión temporal es clave en astrología y conocer las configuraciones planetarias y las relaciones entre ellas en puntos temporales concretos puede ayudarnos a decidir cuál es el momento óptimo para tomar algunas de las decisiones importantes en nuestra vida.

Saber cuándo es probable que ocurra un cambio significativo en nuestras vidas como consecuencia de configuraciones planetarias específicas, como el retorno de Saturno (p. 103) o la retrogradación de Mercurio (p. 104), o entender qué significa que Venus esté en nuestra séptima casa (pp. 85 y 98), además de conocer las características específicas de nuestro signo zodiacal, son algunas de las herramientas que podemos usar en nuestro beneficio. El conocimiento es poder y la astrología puede ser un complemento muy potente a la hora de enfrentarnos a los altibajos de la vida y a las relaciones que forjamos por el camino.

Los 12 signos zodiacales

Cada uno de los signos del Zodíaco tiene unas características que lo identifican y que comparten todas las personas que han nacido bajo él. El signo zodiacal es tu signo solar, que probablemente conoces, ya que acostumbra a ser el punto desde el que empezamos a explorar nuestros senderos astrológicos. Aunque las características del signo solar pueden aparecer de un modo muy marcado en la personalidad, solo ofrecen una imagen parcial de la persona.

La manera como nos mostramos ante los demás acostumbra a estar matizada por otros factores que merece la pena tener en cuenta. El signo ascendente también es muy importante, al igual que la ubicación de nuestra Luna. También podemos estudiar nuestro signo opuesto, para ver qué características necesita reforzar el signo solar para quedar más equilibrado.

Una vez te hayas familiarizado con tu signo solar en la primera parte del libro, puedes pasar al apartado Quiero saber más (pp. 74-105) para empezar a explorar las particularidades de tu carta astral y sumergirte más profundamente en la miríada de influencias astrológicas que pueden estar influyéndote.

Los signos solares

La tierra necesita 365 días (y cuarto, para ser exactos) para completar la órbita alrededor del Sol y, durante el trayecto, nos da la impresión de que cada mes el Sol recorre uno de los signos del Zodíaco. Por lo tanto, tu signo solar refleja el signo que el Sol estaba atravesando cuando naciste. Conocer tu signo solar, así como el de tus familiares, amigos y parejas, no es más que el primero de los conocimientos acerca del carácter y de la personalidad a los que puedes acceder con la ayuda de la astrología.

En la cúspide

Si tu cumpleaños cae una fecha próxima al final de un signo solar y al comienzo de otra, vale la pena saber a qué hora naciste. Astrológicamente, no podemos estar «en la cúspide» de un signo, porque cada uno de ellos empieza a una hora específica de un día determinado, que, eso sí, puede variar ligeramente de un año a otro. Si no estás seguro y quieres saber con exactitud cuál es tu signo solar, necesitarás conocer la fecha, la hora y el lugar de tu nacimiento. Una vez los sepas, puedes consultar a un astrólogo o introducir la información en un programa de astrología en línea (p. 108), para que te confeccione la carta astral más precisa que sea posible.

Tauro

El toro

✳

21 ABRIL - 20 MAYO

Tauro, con los pies en la tierra, sensual y aficionado a los placeres carnales, es un signo de tierra fijo al que su planeta regente, Venus, ha concedido la gracia y el amor por la belleza a pesar de que su símbolo sea un toro. Acostumbra a caracterizarse por una manera de entender la vida relajada y sin complicaciones, si bien terca a veces, y su signo opuesto es el acuático Escorpio.

Aries

El carnero

✳

21 MARZO - 20 ABRIL

Astrológicamente, es el primer signo del Zodíaco y aparece junto al equinoccio vernal (o de primavera). Es un signo de fuego cardinal simbolizado por el carnero y el signo de los comienzos. Está regido por el planeta Marte, lo que representa dinamismo para enfrentarse a los retos con energía y creatividad. Su signo opuesto es el aéreo Libra.

Géminis

Los gemelos

★

20 MAYO – 20 JUNIO

Géminis es un signo de aire mutable simbolizado por los gemelos. Siempre intenta considerar las dos caras de un argumento y su ágil intelecto está influido por Mercurio, su planeta regente. Tiende a eludir el compromiso y es el epítome de una actitud juvenil. Su signo opuesto es el ardiente Sagitario.

Cáncer

El cangrejo

★

21 JUNIO – 21 JULIO

Representado por el cangrejo y la tenacidad de sus pinzas, Cáncer es un signo de agua cardinal, emocional e intuitivo que protege su sensibilidad con una coraza. La maternal Luna es su regente y la concha también representa la seguridad del hogar, con el que está muy comprometido. Su signo opuesto es el terrestre Capricornio.

Virgo

La virgen

★

22 AGOSTO - 21 SEPTIEMBRE

Virgo, representado tradicionalmente por una doncella o una virgen, es un signo de tierra mutable, orientado al detalle y con tendencia a la autonomía. Mercurio es su regente y lo dota de un intelecto agudo que puede llevarlo a la autocrítica. Acostumbra a cuidar mucho de su salud y su signo opuesto es el acuático Piscis.

Leo

El león

★

22 JULIO - 21 AGOSTO

Leo, un signo de fuego fijo, está regido por el Sol y adora brillar. Es un idealista nato, positivo y generoso hasta el extremo. Representado por el león, Leo puede rugir orgulloso y mostrarse seguro de sí mismo y muy resuelto, con una gran fe y confianza en la humanidad. Su signo opuesto es el aéreo Acuario.

Escorpio

El escorpión

✦

22 OCTUBRE - 21 NOVIEMBRE

Como buen signo de agua fijo, Escorpio es dado a las emociones intensas y su símbolo es el escorpión, que lo vincula así al renacimiento que sigue a la muerte. Sus regentes son Plutón y Marte y se caracteriza por una espiritualidad intensa y emociones profundas. Necesita seguridad para materializar su fuerza y su signo opuesto es el terrestre Tauro.

Libra

La balanza

✦

22 SEPTIEMBRE - 21 OCTUBRE

Libra, un signo aéreo cardinal regido por Venus, es el signo de la belleza, del equilibrio (de ahí la balanza) y de la armonía en un mundo que idealiza y al que dota de romanticismo. Con su gran sentido de la estética, Libra puede ser artístico y artesanal, pero también le gusta ser justo y puede ser muy diplomático. Su signo opuesto es el ardiente Aries.

Sagitario

El arquero

✦

22 NOVIEMBRE - 21 DICIEMBRE

Representado por el arquero, Sagitario es un signo de fuego mutable que nos remite a los viajes y a la aventura, ya sea física o mental, y es muy directo. Regido por el benévolo Júpiter, Sagitario es optimista y rebosa de ideas. Le gusta la libertad y tiende a generalizar. Su signo opuesto es el aéreo Géminis.

Capricornio

La cabra

✦

22 DICIEMBRE - 20 ENERO

Capricornio, cuyo regente es Saturno, es un signo de tierra cardinal asociado al esfuerzo y representado por la cabra, de pisada firme pero a veces también juguetona. Es fiel y no rehúye el compromiso, aunque puede ser muy independiente. Tiene la disciplina necesaria para una vida laboral como autónomo y su signo opuesto es el acuático Cáncer.

Acuario

El aguador

21 ENERO – 19 FEBRERO

A pesar de que estar simbolizado por un aguador, Acuario es un signo de aire fijo regido por el impredecible Urano, que arrasa con las ideas viejas y las sustituye por un pensamiento innovador. Tolerante, de mente abierta y humano, se caracteriza por la visión social y la conciencia moral. Su signo opuesto es el ardiente Leo.

Piscis

Los peces

★

20 FEBRERO – 20 MARZO

Piscis tiene una gran capacidad para adaptarse a su entorno y es un signo de agua mutable representado por dos peces que nadan en direcciones opuestas. A veces confunde la fantasía con la realidad y, regido por Neptuno, su mundo es un lugar fluido, imaginativo y empático, en el que acostumbra a ser sensible a los estados de ánimo de los demás. Su signo opuesto es el terrestre Virgo.

Conoce a

I.

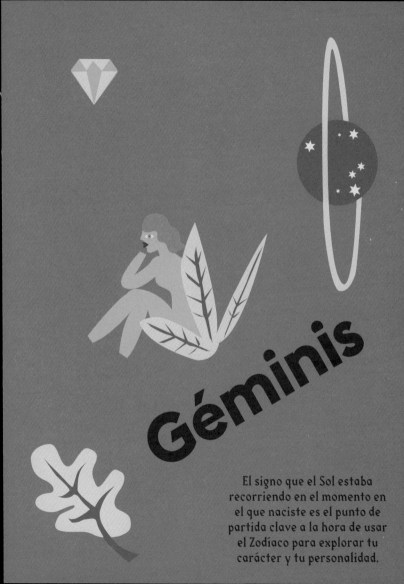

Géminis

El signo que el Sol estaba recorriendo en el momento en el que naciste es el punto de partida clave a la hora de usar el Zodíaco para explorar tu carácter y tu personalidad.

Signo de aire mutable,
simbolizado por los gemelos.

Su regente es Mercurio,
el planeta asociado al
mensajero de los dioses,
a la comunicación y los viajes.

SIGNO OPUESTO

Sagitario

LEMA PERSONAL

«Yo pienso.»

I.

Color

El amarillo, el color de la luz del sol, y los colores cítricos, como el naranja o incluso el verde lima, que vibran con la chispa y la iluminación del ingenioso Mercurio. Lleva ropa de estos colores y conecta con la energía de Géminis cuando necesites un empujoncito psicológico o infundirte valor y, si no tienes ropa de estos colores, opta por incluirlos en los accesorios (zapatos, guantes, calcetines, sombrero o incluso ropa interior).

II.

Día

El miércoles. Marca la mitad de la semana laboral para la mayoría de nosotros y remite a la antigua deidad romana Mercurio –dios que da nombre a su planeta regente–, ya que *miércoles* deriva de la expresión latina *Mercuri dies*, es decir, «día de Mercurio»

III.

Piedra preciosa

El ágata, una piedra multicolor que alienta la elocuencia
y de la que se dice que da suerte a los viajeros. La citrina
(de *citrinus*, «del color del limón» en latín), con sus destellos
amarillos, es otra de las gemas de Géminis, así como el zafiro
amarillo, que estimula la inteligencia.

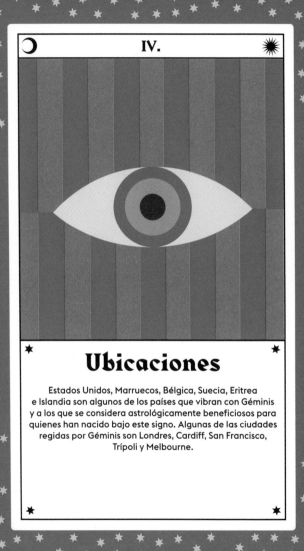

Ubicaciones

Estados Unidos, Marruecos, Bélgica, Suecia, Eritrea
e Islandia son algunos de los países que vibran con Géminis
y a los que se considera astrológicamente beneficiosos para
quienes han nacido bajo este signo. Algunas de las ciudades
regidas por Géminis son Londres, Cardiff, San Francisco,
Trípoli y Melbourne.

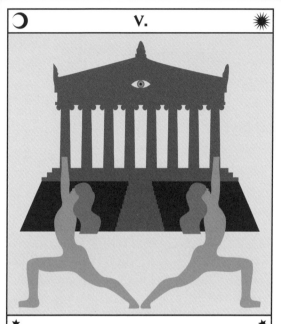

Vacaciones

A Géminis le encanta viajar, siempre que su activa mente se vea estimulada, por lo que los destinos que le atraen acostumbran a incluir vistas y sonidos que activan la mente y el cuerpo. Por ejemplo, podría viajar para experimentar la arquitectura de Roma, los templos de Sicilia, el espectáculo luminoso de la aurora boreal en Islandia o los maravillosos mercados de flores de Hong Kong.

Flores

El tonificante aroma de la lavanda refresca y serena la ajetreada mente de Géminis, mientras que el lirio de los valles da buena suerte a los gemelos. Las azaleas, con su estallido de colores brillantes, son también una flor de Géminis.

Árboles

Los árboles de Géminis son la acacia y la mimosa, de hojas livianas y flores amarillas de aroma delicado. Según la Biblia, el arca de Noé se construyó con madera de acacia, lo que le otorga un significado y una importancia adicionales.

Mascotas

Como cabe esperar de un signo de aire, las aves son mascotas atractivas para Géminis. Tanto el loro, de plumaje verde iridiscente, como la cacatúa, de bellos ojos brillantes y mirada inquisitiva, además de dotados para la imitación verbal, se parecen un poco a Géminis. Es fácil entrenar a ambas aves para que sean buena compañía.

Fiestas

Géminis es el primero en llegar y el último en marcharse: este signo comunicativo y etéreo es el alma de las fiestas. Le gustan las reuniones numerosas, donde puede relacionarse, charlar y bailar hasta que sale el sol. Géminis es gregario por naturaleza y, mientras haya gente, la ubicación, la comida y la bebida no le importarán demasiado. Si hablamos de cócteles, el Martini seco, que encaja con su ingenio y sofisticación, acostumbra a ser uno de sus favoritos.

Las características de Géminis

Ligero, comunicativo, versátil, de mente enérgica y naturaleza adaptable son algunos de los adjetivos clave que describen a Géminis. Además, es volátil y algo quijotesco, una faceta que fascina a los demás. A veces puede ser bastante laxo o discreto con la verdad de una situación, aunque se trata más de esquivar temas de los que no le apetece hablar que de mentiras deliberadas. La personalidad de Géminis es dual, como representan los gemelos mitológicos Cástor y Pólux, hijos de la misma madre, pero de distinto padre, y, en consecuencia, a veces puede parecer caprichoso.

Esta dualidad se puede ver en su capacidad para asumir dos (o más) roles, gracias a su facilidad para adaptarse, como buen signo mutable. Esto también puede hacer que Géminis parezca inquieto y pase de una idea, función u ocupación a otra, en una especie de hiperactividad que puede dejarlo sin energía. Además, esta manera de actuar puede llevar a Géminis a establecer relaciones más bien superficiales, porque cada idea nueva parece dar lugar a otra, y a otra y a otra y los demás pueden tener dificultades para seguirlo. Géminis suele tener buenas ideas, pero, a no ser que las ponga en práctica, no le servirán de mucho. Esta es una lección que Géminis debe aprender si quiere tener éxito.

Mercurio rige a Géminis, cuya necesidad de comunicarse es evidente y, si no habla, lo más probable es que esté enviando correos electrónicos o mensajes de texto o navegando por las redes sociales. Si es que no lo hace todo a la vez, claro. Géminis siempre tiene una opinión que dar y algo interesante que decir, es capaz de establecer relaciones nuevas e inusuales entre ideas y sus agudas observaciones lo convierten en un compañero entretenido. Dada su facilidad para comunicarse, hablar en público no le preocupa y conversar con desconocidos le gusta. Incluso los Géminis más tímidos descubren que su curiosidad innata acerca de la vida los ayuda a acercarse a los demás. Es muy probable que Géminis cuente con un amplio abanico de amigos y conocidos, con frecuencia de procedencias muy distintas, reflejo de su tendencia camaleónica a adaptarse a su entorno.

Géminis también tiene una faceta muy racional y emocionalmente distante, por lo que se le da muy bien defender su opinión desde distintos puntos de vista sin que la argumentación resulte confusa. Sin embargo, esta racionalidad también significa que, en ocasiones, Géminis tiene dificultades para pensar o sentir en profundidad y, si no lo corrige, puede dar lugar a problemas en sus relaciones.

TEMPLAR EL AIRE

Las características clave de
cualquier signo solar se pueden
ver equilibradas (y en ocasiones
reforzadas) por las características
de otros signos en la misma
carta astral, sobre todo los que
corresponden al ascendente y a la
Luna. Eso explica que pueda haber
personas que aparentemente no
acaban de encajar en su signo
solar. Sin embargo, los rasgos
Géminis básicos siempre estarán
ahí como una influencia clave e
informando el modo de entender la
vida de la persona.

La parte física
de Géminis

Géminis acostumbra a parecer más joven de lo que es y la vitalidad de su mirada y su brío físico lo mantienen ágil y muy activo hasta bien entrado en la vejez. Aborda la vida con una actitud que recuerda a Peter Pan, algo que suele reflejar su aspecto físico y que, en ocasiones, lo lleva a tomar medidas para ralentizar el envejecimiento y mantener el atractivo más superficial, siempre que lo pueda hacer sobre la marcha, con frecuencia literalmente. No tiene tiempo que perder acicalándose durante horas.

Salud

Géminis rige las manos, los brazos y los hombros, de los que nacen las alas metafóricas que le permiten emprender el vuelo, y son los puntos que le pueden ocasionar más problemas de salud; por ejemplo, puede sufrir lesiones por esfuerzo repetitivo a fuerza de pasar horas comunicándose mediante el teclado y el ratón. Los pulmones son los órganos asociados al aire y a la inspiración y también pueden ser un punto débil, por lo que puede sufrir trastornos como asma, bronquitis o neumonía. Como tiende a un estilo de vida acelerado, seguir una pauta de alimentación correcta y nutritiva puede estar muy alejado de sus prioridades y, aunque eso puede ayudarlo a mantenerse delgado, también puede llevar a que su ingesta nutricional sea insuficiente y desarrolle problemas de salud a largo plazo.

Ejercicio físico

Fortalecer la musculatura de los brazos, los hombros y la parte superior de la espalda puede ayudar a prevenir tendinitis y lesiones por esfuerzo repetitivo, además de a fomentar la buena postura que, a su vez, mejora la función pulmonar. El aspecto social de los gimnasios puede atraer a Géminis, aunque acostumbra a preferir una rutina rápida que satisfaga sus objetivos inmediatos antes de pasar a lo siguiente que le haya llamado la atención. Tiende a ser hábil y a tener buena coordinación, por lo que, con frecuencia, le gustan deportes que exigen buena coordinación visomanual, como el tenis o el golf.

Cómo se comunica Géminis

Con velocidad y pasión, así es como se comunica Géminis incluso al teclado. A veces habla con voz ligera y susurrante, en línea con su etéreo signo solar, aunque siempre con claridad y buena pronunciación: no balbucea. Por el contrario, lo que comunica, ya sea verbalmente o por escrito, puede carecer de sustancia o explicación inmediata. No es que no piense, sino que lo hace a tal velocidad que a veces no comunica lo que a él le resulta obvio, aunque para los demás no sea tan evidente. El veloz Géminis haría bien en recordar que, si los demás le piden aclaraciones, es por esto. No es que el resto del mundo sea obtuso o lento.

La carrera profesional de Géminis

Dadas sus dotes naturales para el arte de la comunicación, el pensamiento racional y la capacidad de tener varias ideas en mente simultáneamente, no debería sorprendernos que muchos abogados sean Géminis. Deben saber reaccionar con rapidez, por lo que los atributos clave de Géminis son ideales en los tribunales. Esa misma capacidad retórica es la que caracteriza a los embaucadores y a los políticos.

El periodismo, ya sea escrito o televisado, es una ocupación característicamente Géminis, sobre todo por la naturaleza efímera de su existencia. Escribir libros exige más tenacidad y persistencia de las que Géminis suele poseer, aunque, si aprovecha su facilidad de palabra, puede escribir tanto ensayo como ficción.

El amor por los viajes puede llevarlo a trabajar como guía turístico, un empleo que también le permite compartir sus conocimientos, viajar al extranjero y estar rodeado de gente.

La compatibilidad de Géminis

Géminis suele tener muchos amigos y de procedencias muy diversas, como corresponde a una personalidad gregaria y extrovertida con facilidad para relacionarse y conversar con gente de todo tipo. Esto lo convierte en un amigo popular, pero difícil de amarrar. Es la proverbial mariposa social, que va de relación en relación y a la que le cuesta comprometerse. No lo hace de forma deliberada, sino como consecuencia de su deseo natural de estar en movimiento constante y de viajar ligero de equipaje. Hay que entender la dinámica de Géminis para poder convencerlo del valor del compromiso y ayudarlo a ver que la seguridad de una relación no necesariamente es una atadura, sino que puede ser un puerto seguro desde el que zarpar y al que regresar.

La mujer Géminis

La mujer Géminis es coqueta y reticente al compromiso por naturaleza. Es un espíritu aéreo que necesita desplegar las alas y volar, por lo que todo intento de cortárselas puede hacer que desaparezca al instante. Usa las manos para comunicarse durante la conversación, pero no es especialmente táctil, por lo que puede parecer reservada y, aunque es amable, da la impresión de que le gusta mantener cierta distancia.

MUJERES GÉMINIS DESTACADAS

Joan Collins, con su eterna apariencia juvenil, está rodeada de un aura de reserva que no le impide comunicar dramatismo mediante su estilo de ropa. Venus Williams, la campeona de tenis, demuestra la fuerza de los brazos de Géminis y es una atleta excepcional, al igual que la también tenista Steffi Graff. Ana Belén comunicaba con la voz y comparte el elegante, si bien volátil, atractivo de Géminis con las actrices Marilyn Monroe, Angelina Jolie y Nicole Kidman.

El hombre Géminis

El hombre Géminis suele parecer más joven de lo que es, por lo que la sofisticación de sus ideas puede resultar sorprendente. No hay que subestimarlo jamás. Su capacidad para gestionar las amistades, o mantenerlas a distancia, complica la tarea de atarlo a un compromiso: es capaz de comprometerse con varias cosas a la vez y, al final, anularlas todas por algo distinto que le ha surgido en el último momento. Sin embargo, es tan encantador que casi siempre sale bien parado.

HOMBRES GÉMINIS DESTACADOS

Los cantantes Bob Dylan, Paul McCartney y Juan Luis Guerra siguen trabajando y sorprendiéndonos con su música, igual que Rafa Nadal con su tenis. Jean-Paul Sartre era un hombre de ideas complejas, pero también un gran seductor, y Paul Gauguin viajó desde su Francia natal hasta Tahití, donde creó sus maravillosos cuadros.

¿Quién quie

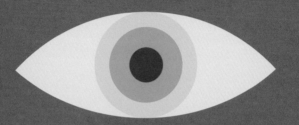

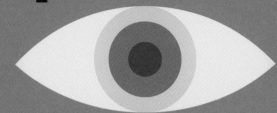

Géminis y Aries

El aire de Géminis da oxígeno al fuego de Aries en una combinación de dos espíritus libres y de sangre caliente que se basa tanto en la amistad como en el deseo. Siempre que Géminis no se sienta limitado por la firmeza de Aries, esta pareja puede funcionar muy bien.

Géminis y Tauro

Aunque la sencillez de este signo de tierra puede intrigar a Géminis, no le resultará especialmente atractiva, porque es muy probable que el terrenal Tauro no sea un reto suficiente para sus gustos aventureros.

Géminis y Géminis

Aunque los gemelos se reconocen y se comprenden, esta combinación dual al cuadrado puede resultar demasiado frenética y volátil para durar, sobre todo cuando la relación sale del dormitorio.

Géminis
y Cáncer

La actitud juguetona de Géminis
puede ser demasiado para la
necesidad de seguridad de Cáncer.
No saber exactamente qué está
pasando da alas a Géminis, pero
puede resultar insoportable para el
sensible Cáncer, que prefiere aguas
más tranquilas.

Géminis y Leo

Es una buena combinación, que estos
dos signos seguros de sí mismos,
gregarios y dados a la extroversión
juguetona pueden disfrutar, tanto
dentro como fuera de la cama. Sin
embargo, Géminis puede tener
dificultades para satisfacer la
necesidad de Leo de ser siempre lo
primero en su vida.

Géminis
y Virgo

Ambos están regidos por Mercurio,
por lo que hay una afinidad mental
inmediata entre ellos. Sin embargo,
la meticulosidad de Virgo tiende
a aburrir y a agobiar a Géminis, así que
esta combinación puede tener espinas
desde el primer momento.

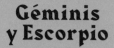

Géminis y Escorpio

La pasión es inmediata en el dormitorio, pero supone un problema fuera del mismo, porque la naturaleza abierta de Géminis choca con la necesidad de intimidad de Escorpio. A no ser que ambas partes gestionen con tacto esta diferencia, la relación puede terminar casi antes de haber empezado.

Géminis y Libra

Intelectualmente, estos dos signos de aire crean una armonía encantadora. También acostumbran a estar de acuerdo y comparten la afición por los viajes y el ocio. Encajan bien sexualmente y ambos son tolerantes y relajados, por lo que se sienten cómodos en compañía del otro.

Géminis y Sagitario

Son signos opuestos, de modo que la atracción es tan potente como inevitable tanto en lo físico como en lo mental, pero ambos son inquietos por naturaleza y, si no toman conciencia de ello, puede impedir que se acaben comprometiendo.

Géminis
y Acuario

Ambos comparten una actitud
volátil e innovadora ante la vida,
además de la tendencia a mostrarse
impredecibles, por lo que esta es una
combinación fácil en la que el afecto
y el aprecio mutuos pueden forjar un
vínculo feliz y duradero.

Géminis
y Piscis

Aquí, la pasión es explosiva y puede
dar lugar a una atracción inicial muy
potente, pero el etéreo Géminis no
acaba de entender al imaginativo
y sensible Piscis, cuya necesidad de
seguridad tiende a irritarlo.

Géminis y
Capricornio

La promesa de orden atrae a
Géminis, que se puede beneficiar del
equilibrio que le aportará Capricornio
que, a su vez, verá aligerada su
faceta más sombría. Sin embargo,
todo es cuestión de equilibrio y, para
alcanzarlo, tendrán que hacer acopio
de paciencia y de tacto.

La escala del amor de Géminis

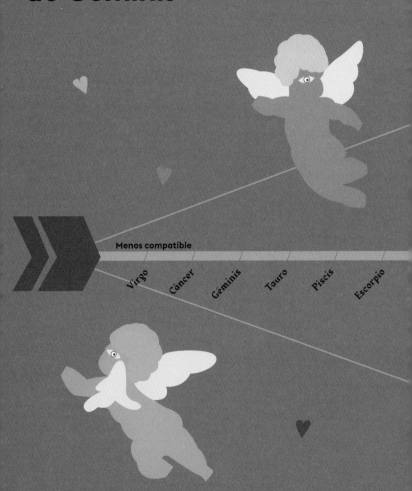

Menos compatible

Virgo · Cáncer · Géminis · Tauro · Piscis · Escorpio

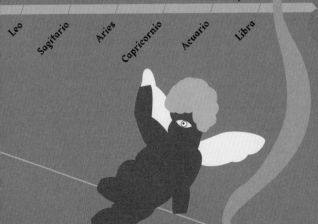

Leo   Sagitario   Aries   Capricornio   Acuario   Libra

Más compatible

II.

Géminis

en profundidad

En esta sección, profundizaremos en cómo puede estar impulsándote o reteniéndote tu signo solar y empezaremos a pensar en cómo puedes usar ese conocimiento para escoger tu camino.

El hogar de Géminis

Géminis no cimienta su seguridad en el ladrillo o entre cuatro paredes, por lo que es uno de los signos que instiga más mudanzas o cambios de decoración y de mobiliario en casa. Sin embargo, para Géminis es importante tener una casa luminosa y espaciosa, sin demasiados trastos. No es minimalista, pero tiende a crear grandes espacios abiertos donde sienta que puede respirar, y tampoco hace ascos a las viviendas en plantas elevadas. El color de la decoración puede corresponderse con el espectro característico de Géminis e ir del amarillo al verde, aunque también es probable que haya mucho blanco y azul celeste, para evocar el aire. Abre las ventanas de par en par al primer rayo de sol y acostumbra a dejar la puerta abierta, para acoger a invitados, amigos y desconocidos por igual.

Es probable que la casa de Géminis contenga muchos libros o revistas y otro material de lectura, dada su tendencia a pasar de un tema a otro, y es habitual que lea más de un libro simultáneamente. También suele haber iPads, ordenadores portátiles y otros dispositivos de comunicación, con la conexión a internet más rápida que el dinero pueda comprar.

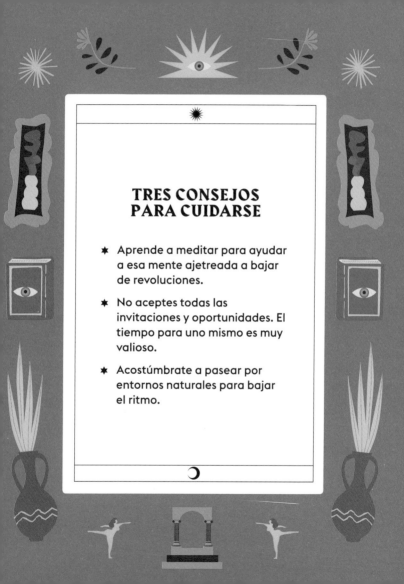

TRES CONSEJOS PARA CUIDARSE

★ Aprende a meditar para ayudar a esa mente ajetreada a bajar de revoluciones.

★ No aceptes todas las invitaciones y oportunidades. El tiempo para uno mismo es muy valioso.

★ Acostúmbrate a pasear por entornos naturales para bajar el ritmo.

Cuidados personales

Aunque cuidarse no es precisamente una de las prioridades de Géminis, merece la pena que se pare un momento y piense acerca de cuántos problemas podría evitar, reducir o eliminar si les dedicara algo de tiempo. La actividad acelerada puede causar lesiones accidentales, desde caer y torcerse la muñeca hasta rebanarse el dedo al cortar verduras a toda velocidad. Las manos, los brazos y los hombros son especialmente vulnerables a los esguinces y los tirones.

El movimiento constante también puede resultar agotador y, aunque Géminis no suele sufrir de insomnio, la hiperactividad puede alterar muchísimo el sueño. Si reserva algo de tiempo para relajarse durante el día, evitará despertarse a las tres de la madrugada con la cabeza llena de ideas. De todos modos, Géminis no lo suele considerar un problema hasta que acaba cayendo de cansancio, a veces casi literalmente, y se ve obligado a aprender por las malas cómo evitarlo. Y evitar quemarse debería ser una prioridad para esta mente tan activa, para prevenir la ansiedad y la depresión. Por suerte, Géminis tiende a ser fuerte emocionalmente y aprende rápido. Lo que sucede es que no siempre se da cuenta de que cuidarse no es algo de un día y basta, sino que debe integrarlo en la vida cotidiana si quiere poder continuar con su ajetreado estilo de vida.

TRES IMPRESCINDIBLES EN LA DESPENSA DE GÉMINIS

* Huevos: rápidos y fáciles de cocinar, son la comida rápida rica en proteínas ideal.

* Carne seca (como *biltong*) para un tentempié nutritivo.

* Un temporizador: un instrumento clave en la cocina del distraído Géminis.

Géminis:
la comida
y la cocina

Si no se puede preparar y consumir con rapidez, a Géminis le parecerá igual de bien comer algo sobre la marcha de camino al trabajo que cocinar. Sin embargo, cuando Géminis se pone de verdad en ello, puede elaborar las recetas más deliciosas con resultados espectaculares. Su destreza manual es evidente cuando ha de separar huevos para un merengue, laminar atún para sushi o emplatar como un experto. Aunque siempre cabe la posibilidad de que se distraiga y la comida se le queme.

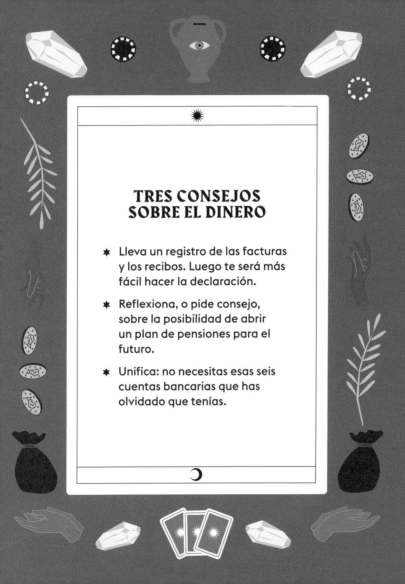

TRES CONSEJOS
SOBRE EL DINERO

* Lleva un registro de las facturas y los recibos. Luego te será más fácil hacer la declaración.

* Reflexiona, o pide consejo, sobre la posibilidad de abrir un plan de pensiones para el futuro.

* Unifica: no necesitas esas seis cuentas bancarias que has olvidado que tenías.

Cómo gestiona el dinero Géminis

El dinero no es una motivación especialmente importante para Géminis, que tiende a buscar la validación más en sus relaciones personales que en la riqueza material (que, de todos modos, suele acumular, porque trabaja mucho y, con frecuencia, pluriempleado). Esta falta de apego a la riqueza material y a las posesiones lo lleva, en ocasiones, a gastar sin pensar, lo que resulta sorprendente dado lo mucho que le gusta pensar en las cosas. Con frecuencia, las compras pueden ser una extensión de su deseo de comunicarse, por lo que puede aparecer en casa con un ordenador de última generación o un billete de avión a un lugar que estimule su mente. Esta falta de codicia, sumada a su actitud relajada ante el dinero, suele significar que Géminis es generoso con los demás.

Géminis
y su jefe

En ocasiones, el jefe de Géminis no sabe muy bien qué hacer
con él, entre otras cosas porque no siempre es evidente cuál
de los dos gemelos se presentará a trabajar: el que respeta los
plazos de entrega o el que ha decidido en el último momento
apostar por abordar el proyecto de un modo innovador o
se va a la otra punta del país para seguir una nueva pista.
Esta impredictibilidad puede desencadenar el caos con
las previsiones y las fechas límite del resto del equipo (no
hablemos ya de su estado de nervios), así que aunque el jefe
sabe que Géminis casi siempre acaba cumpliendo, le gustaría
saber cuándo, y saberlo con seguridad.

Aunque el equipo de Géminis valora mucho su racionalidad
a la hora de abordar los problemas, a veces sus aportaciones
pueden resultar poco ortodoxas y algo rígidas, además de no
tener en cuenta a los demás. Géminis debe recordar que el jefe
ha de gestionar un equipo y que todos han de tener en cuenta
las expectativas de cada uno de sus miembros. Si Géminis
aprende a trabajar de este modo, su equipo lo valorará y es muy
probable que acabe recogiendo el esfuerzo sembrado.

TRES CONSEJOS PARA TRATAR AL JEFE

* No asumas que tu jefe es clarividente: mantenle al corriente de lo que haces.

* Recuerda que, aunque parte del trabajo pueda ser rutinario, también es importante. No te olvides de lo que te aburre.

* A veces está bien que hagas las cosas a tu manera, pero vale la pena que antes te asegures de que puedes hacerlo.

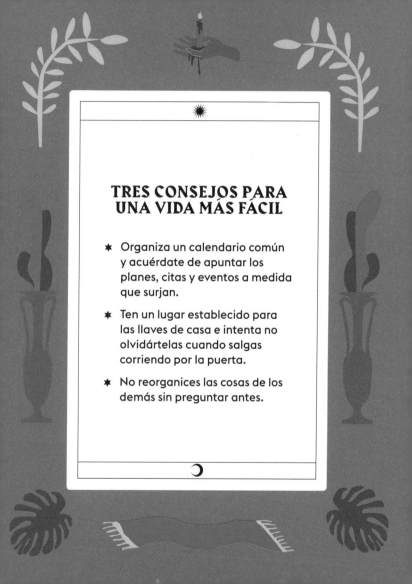

TRES CONSEJOS PARA UNA VIDA MÁS FÁCIL

★ Organiza un calendario común y acuérdate de apuntar los planes, citas y eventos a medida que surjan.

★ Ten un lugar establecido para las llaves de casa e intenta no olvidártelas cuando salgas corriendo por la puerta.

★ No reorganices las cosas de los demás sin preguntar antes.

Vivir con Géminis

Si lo dejan tranquilo, convivir con Géminis es bastante fácil. Sin embargo, puede haber problemas si los compañeros de piso, o la pareja, exigen saber qué hace o a dónde va. No es que a Géminis le importe que la gente lo sepa, sino que, a menudo, ni él mismo lo sabe aún. Y eso hace que, con frecuencia, parezca que quiere guardar secretos; para él no es importante hacer planes y cumplirlos, y le cuesta entender que a los demás sí les importe. Por eso, y aunque se siente cómodo siendo impredecible y espontáneo, si Géminis quiere evitar alienar a su pareja o sus compañeros de piso, ha de tener en cuenta que esta manera de hacer puede desconcertar a los demás.

Independiente y extrovertido, Géminis disfruta de las relaciones sociales y no es habitual verlo encerrado en su habitación durante días. Por eso, su entorno doméstico inmediato no le suscita más que un interés pasajero. De todos modos, puede sufrir arrebatos de limpieza, que llevan a que su compañero o pareja llegue a casa y se encuentre con un espacio irreconocible donde sus pertenencias también han sido ordenadas y reorganizadas hasta el extremo.

Géminis
y las
rupturas

Géminis acostumbra a pensar que, una vez ha tomado una decisión, esa es la buena, por lo que si ha decidido que la relación va perfectamente bien, puede distraerse con otras cosas, no ver las señales y quedar absolutamente sorprendido ante la ruptura. Una vez enfrentado a la situación, tiende a superarla racionalizándola y, con frecuencia, se niega a tener en cuenta sus propias emociones (o las del otro).

No es que Géminis no lo pase mal, sino que su estrategia consiste en racionalizar las emociones hasta tal punto que deja de sentirlas. Si es Géminis quien instiga la ruptura, no vacila y es un verdugo rápido, si no brutal, que no deja lugar a la ambigüedad. En este caso, lo que para él es evidente, puede ser una sorpresa inesperada para su pareja. En ambos casos, Géminis lo lanzará todo al aire y pasará página a toda velocidad.

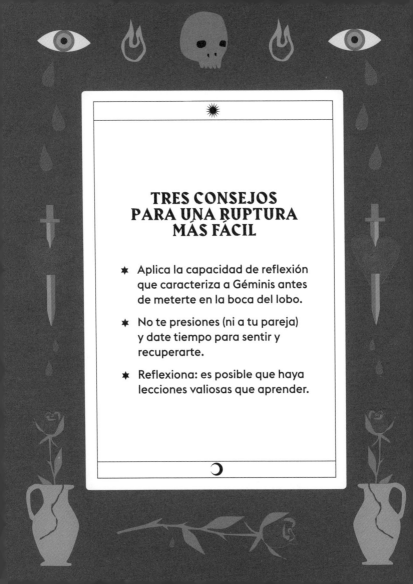

TRES CONSEJOS PARA UNA RUPTURA MÁS FÁCIL

★ Aplica la capacidad de reflexión que caracteriza a Géminis antes de meterte en la boca del lobo.

★ No te presiones (ni a tu pareja) y date tiempo para sentir y recuperarte.

★ Reflexiona: es posible que haya lecciones valiosas que aprender.

Cómo quiere Géminis que le quieran

Géminis quiere que lo amen por quien es, en cuerpo, mente y alma, pero no siempre es consciente de que para su pareja no es fácil reconocer inmediatamente cuál de sus múltiples yos ha entrado por la puerta. Es cierto que así obliga a sus parejas a prestar atención, pero es mucho que pedir a un compañero, por lo que Géminis ha de ser consciente de ello y es posible que, para conseguir lo que necesita, deba adaptarse a lo que necesita su pareja.

En su mente, Géminis dispone de mundo y tiempo suficiente para hacerle el amor lánguidamente a su pareja, pero la realidad es que está tan motivado que, con frecuencia, el romanticismo queda relegado a los últimos puestos de la lista, en algún punto entre limpiar el comedero del gato y salvar el mundo. Sí, no parece muy alentador para el futuro amante de

Géminis, pero siendo consciente de ello es menos probable que se tome esta manera de actuar como algo personal.

La impredictibilidad de Géminis acerca de lo que quiere y no quiere puede resultar muy exasperante y ser un escollo para todo el que intente amarlo. Sin embargo, todo amante que pueda ayudar a Géminis a aliviar la presión a la que se somete él mismo y a crear espacio solo para ser, sin más, será recibido con los brazos abiertos. De todos modos, es un equilibrio muy frágil y, por si las cosas no fueran lo bastante complicadas, es muy probable que esto solo resulte aceptable si proviene de un amante con el que Géminis ya se ha comprometido.

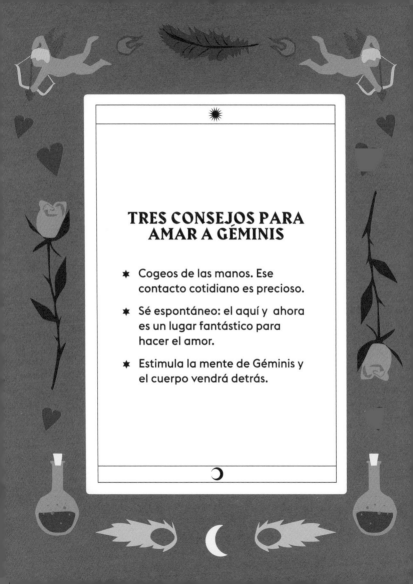

TRES CONSEJOS PARA AMAR A GÉMINIS

★ Cogeos de las manos. Ese contacto cotidiano es precioso.

★ Sé espontáneo: el aquí y ahora es un lugar fantástico para hacer el amor.

★ Estimula la mente de Géminis y el cuerpo vendrá detrás.

La vida sexual de Géminis

Aunque Géminis no es un signo especialmente físico, le gusta abrazar y tocar y también responde bien al masaje en las manos, brazos y hombros, zonas que le resultan muy erógenas. Géminis es curioso, aventurero y espontáneo, por lo que se siente seguro de su cuerpo desnudo y el sexo con él puede ser divertido y exploratorio. No tiene nada en contra de las aventuras de una noche. De todos modos, y aunque Géminis disfruta del sexo físico, lo que realmente tiene trascendencia sexual para él es la unión de las mentes. El lenguaje erótico también puede ser uno de los elementos de la sexualidad de Géminis, porque la comunicación hablada es especialmente excitante y leer en voz alta puede ayudar a centrar los juegos previos. Los juegos de rol también pueden formar parte de su repertorio erótico.

El inconveniente es que, a pesar de su espontaneidad y de su disposición a practicar el sexo al aire libre o en el suelo de la cocina según sople el viento, Géminis puede ser demasiado rápido para el amante más sensual, que puede quedar desconcertado al ver convertido en tentempié lo que para él es un segundo plato. Cumplir un horario está muy bien, pero a Géminis le iría bien recordar que, a veces, saborear detenidamente las cosas, como el sexo, es mucho más placentero.

Quiero

III.

saber

más

Tu signo solar nunca te ofrece la imagen completa. En este apartado, aprenderás a leer los matices de tu carta astral y accederás a otro nivel de conocimientos astrológicos.

Tu carta astral

Tu carta astral es una instantánea de un momento concreto, en un lugar concreto, en el preciso momento de tu nacimiento y, por lo tanto, es absolutamente individual. Es como un plano, un mapa o un certificado de existencia que plantea rasgos e influencias que son posibles, pero que no están escritos en piedra. Es una herramienta simbólica a la que puedes recurrir y que se basa en las posiciones de los planetas en el momento de tu nacimiento. Si no tienes acceso a un astrólogo, ahora cualquiera puede obtener su carta astral en línea en cuestión de minutos (en la p. 108 encontrarás una lista de sitios y de aplicaciones para ello). Incluso si desconoces la hora exacta de tu nacimiento, saber la fecha y el lugar de nacimiento basta para confeccionar las bases de una plantilla útil.

Recuerda que en astrología nada es intrínsecamente bueno ni malo y que no hay tiempos ni predicciones explícitas: se trata más de una cuestión de influencias y de cómo estas pueden afectarnos, ya sea positiva o negativamente. Y si disponemos de cierta información y de herramientas con las que abordar, ver o interpretar nuestras circunstancias y nuestro entorno, tenemos algo con lo que empezar.

Vale la pena que, cuando leas tu carta astral, entiendas todas las herramientas que la astrología pone a tu alcance; no solo los signos astrológicos y lo que cada uno de ellos representa, sino también los 10 planetas que menciona la astrología y sus características individuales, además de las 12 casas y lo que significan. Por separado, estas herramientas ofrecen un interés pasajero, pero cuando empieces a ver cómo encajan las unas con las otras y se yuxtaponen, la imagen global te resultará más accesible y empezarás a desentrañar información que te puede resultar muy útil.

Hablando en términos generales, cada uno de los planetas sugiere un tipo distinto de energía, los signos zodiacales proponen distintas maneras en que esa energía se puede manifestar y las casas representan áreas de experiencia en las que puede operar dicha manifestación.

Lo siguiente que debemos añadir son las posiciones de los signos en cuatro puntos clave: el ascendente y su opuesto, el descendente; y el medio cielo y su opuesto, el fondo del cielo, por no mencionar los distintos aspectos que generan las congregaciones de signos y planetas.

Ahora será posible ver lo sutil que puede llegar a ser la lectura de una carta astral, lo infinita que es su variedad y lo altamente específica que es para cada persona. Con esta información y una comprensión básica del significado simbólico y de las influencias de los signos, los planetas y las casas de tu perfil astrológico único, puedes empezar a usar estas herramientas para que te ayuden a tomar decisiones en distintos aspectos de la vida.

Cómo leer tu carta astral

Si ya tienes tu carta astral, ya sea manuscrita o por un programa en línea, verás un círculo dividido en 12 segmentos, con información agrupada en varios puntos que indican la posición de cada signo zodiacal, en qué segmento aparecen y hasta qué punto. Independientemente de las características relevantes para cada uno, todas las cartas siguen el mismo patrón a la hora de ser interpretadas.

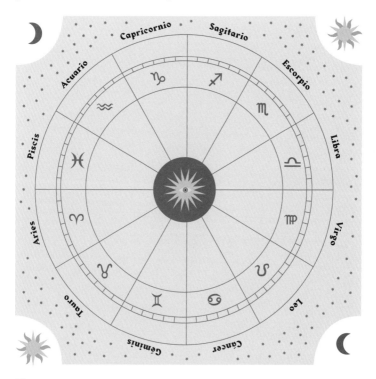

La carta astral se elabora a partir de la hora y el lugar de nacimiento y de la posición de los planetas en ese momento.

Si piensas en la carta astral como en una esfera de reloj, la primera casa (en las pp. 95-99 hablo de las casas astrológicas) empieza en el 9 y se sigue a partir de ahí en sentido antihorario, desde la primera casa hasta la duodécima, pasando por los 12 segmentos de la carta.

El punto inicial, el 9, es también el punto por el que el Sol sale en tu vida y te da el ascendente. Enfrente, en el 3 de la esfera del reloj, encontrarás el signo descendente. El medio cielo (MC) está en el 12 y su opuesto, el fondo del cielo (IC) está en el 6 (más información en las pp. 101-102).

Entender la importancia de las características de los signos zodiacales y de los planetas, de sus energías concretas, de sus ubicaciones y de sus relaciones entre ellos puede ayudarnos a entendernos mejor, tanto a nosotros mismos como a los demás. En nuestra vida cotidiana, la configuración cambiante de los planetas y de sus efectos también se entiende mucho mejor con un conocimiento básico de astrología y lo mismo sucede con las pautas recurrentes que unas veces refuerzan y otras entorpecen oportunidades y posibilidades. Si trabajamos con estas tendencias, en lugar de contra ellas, podemos hacer que nuestra vida sea más fácil y, en última instancia, más exitosa.

El efecto
de la
Luna

Si tu signo solar representa la conciencia, la fuerza vital y
la voluntad individual, la Luna representa la faceta de tu
personalidad que tiendes a mantener más oculta, o en secreto.
Estamos en el territorio del instinto, de la creatividad y del
inconsciente que, en ocasiones, nos llevan a lugares que nos
cuesta entender. Esto es lo que otorga tanta sutileza y tantos
matices a la personalidad, mucho más allá del signo solar. Es
posible que tengas el Sol en Géminis y todo lo que eso significa,
pero eso puede verse contrarrestado por una Luna muy
empática y emocional en Cáncer; o quizás tengas el Sol en el
efusivo Leo, pero también la Luna en Acuario, con la rebeldía
y el desapego emocional que eso supone.

Las fases de la Luna

La Luna orbita alrededor de la Tierra y tarda unos 28 días en dar una vuelta completa. Como vemos más o menos Luna en función de cuánta luz del Sol refleje, nos da la impresión de que crece y decrece. Cuando la Luna es nueva para nosotros, la vemos como un mero filamento. A medida que crece, refleja más luz y pasa de luna creciente a cuarto creciente y de ahí a luna gibosa creciente y a luna llena. Entonces, empieza a decrecer y pasa a gibosa menguante, luego a cuarto menguante, y vuelta a empezar. Todo esto sucede en el transcurso de cuatro semanas. Cuando tenemos dos Lunas llenas en un mes del calendario gregoriano, llamamos Luna azul a la segunda.

Cada mes, la Luna también recorre un signo astrológico, como sabemos por nuestras cartas astrales. Esto nos ofrece más información (una Luna en Escorpio puede ejercer un efecto muy distinto que una Luna en Capricornio) y, en función de nuestra carta astral, ejercerá una influencia distinta cada mes. Por ejemplo, si la Luna en tu carta astral está en Virgo, cuando la Luna astronómica entre en Virgo ejercerá una influencia adicional. Para más información, consulta las características de los signos (pp. 12-17).

El ciclo de la Luna tiene un efecto energético que podemos ver con claridad en las mareas oceánicas. Astrológicamente, como la Luna es un símbolo de fertilidad y, además, sintoniza con nuestra faceta psicológica más profunda, podemos usarla para centrarnos con mayor profundidad y creatividad en los aspectos de la vida que sean más importantes para nosotros.

Los eclipses

Hablando en términos generales, un eclipse ocurre cuando la luz de un cuerpo celeste queda tapada por otro. En términos astrológicos, esto dependerá de dónde estén el Sol y la Luna en relación con otros planetas en el momento del eclipse. Por lo tanto, si un eclipse solar está en la constelación de Géminis, ejercerá una influencia mayor sobre el Géminis zodiacal.

Que un área de nuestras vidas quede iluminada u oculta nos invita a que le prestemos atención. Los eclipses acostumbran a tener que ver con los principios y los finales y, por eso, nuestros antepasados los consideraban acontecimientos portentosos, señales importantes a las que había que hacer caso. Podemos saber con antelación cuándo ha de ocurrir un eclipse y están cartografiados astronómicamente; por lo tanto, podemos evaluar con antelación su significado astrológico y actuar en consecuencia.

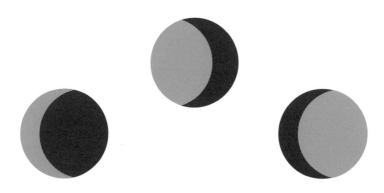

Los 10 planetas

En términos astrológicos (no astronómicos, porque el Sol es en realidad una estrella), hablamos de 10 planetas y cada signo astrológico tiene un planeta regente. Mercurio, Venus y Marte rigen dos signos cada uno. Las características de cada planeta describen las influencias que pueden afectar a cada signo y toda esa información contribuye a la interpretación de la carta astral.

La Luna

Este signo es el principio opuesto del
Sol, con el que forma una díada, y
simboliza lo femenino, la contención
y la receptividad, la conducta más
instintiva y emotiva.

Rige el signo de Cáncer.

El Sol

El Sol representa lo masculino y
simboliza la energía que da vida, lo
que sugiere una energía paterna en
la carta astral. También simboliza
nuestra identidad, o ser esencial, y
nuestro propósito vital.

Rige el signo de Leo.

Mercurio

Mercurio es el planeta de la
comunicación y simboliza la necesidad
de dar sentido, entender y comunicar
nuestros pensamientos mediante
palabras.

Rige los signos de Géminis y Virgo.

Venus

El planeta del amor tiene que ver con
la atracción, la conexión y el placer,
y en la carta de una mujer simboliza
su estilo de feminidad, mientras que
en la de un hombre representa a su
pareja ideal.

Rige los signos de Tauro y Libra.

Marte

Este planeta simboliza la energía
pura (por algo Marte era el dios de la
guerra), pero también nos dice en qué
áreas podemos ser más asertivos o
agresivos y asumir riesgos.

Rige los signos de Aries y Escorpio.

Saturno

En ocasiones, Saturno recibe el nombre de maestro sabio. Simboliza las lecciones aprendidas y las limitaciones, y nos muestra el valor de la determinación, la tenacidad y la fortaleza emocional.

Rige el signo de Capricornio.

Júpiter

Júpiter es el planeta más grande de nuestro sistema solar y simboliza la abundancia y la benevolencia, todo lo que es expansivo y jovial. Al igual que el signo que rige, también tiene que ver con alejarse de casa en viajes y misiones de exploración.

Rige el signo de Sagitario.

Urano

Este planeta simboliza lo inesperado, ideas nuevas e innovación, además de la necesidad de romper con lo viejo y recibir lo nuevo. Como inconveniente, puede indicar una dificultad para encajar y la sensación derivada de aislamiento.

Rige el signo de Acuario.

Plutón

Alineado con Hades (*Pluto*, en latín),
el dios del inframundo o de la muerte,
este planeta ejerce una fuerza muy
potente que subyace a la superficie y
que, en su forma más negativa, puede
representar una conducta obsesiva y
compulsiva.

Rige el signo de Escorpio.

Neptuno

Asociado al mar, trata de lo que
hay bajo la superficie, bajo el
agua y a tanta profundidad que
no podemos verlo con claridad.
Sensible, intuitivo y artístico, también
simboliza la capacidad de amar
incondicionalmente, de perdonar
y olvidar.

Rige el signo de Piscis.

Los cuatro elementos

Si agrupamos los doce signos astrológicos según los cuatro elementos de tierra, fuego, aire y agua, accedemos a más información que, esta vez, nos remonta a la medicina de la antigua Grecia, cuando se creía que el cuerpo estaba compuesto por cuatro fluidos o «humores» corporales. Estos cuatro humores (sangre, bilis amarilla, bilis negra y flema) se correspondían con los cuatro temperamentos (sanguíneo, colérico, melancólico y flemático), las cuatro estaciones del año (primavera, verano, otoño e invierno) y los cuatro elementos (aire, fuego, tierra y agua).

Si las relacionamos con la astrología, estas cualidades simbólicas iluminan más las características de los distintos signos. Carl Jung también las usó en su psicología y aún decimos de las personas que son terrenales, ardientes, aéreas o escurridizas en su actitud ante la vida, mientas que a veces decimos que alguien «está en su elemento». En astrología, decimos que los signos solares que comparten un mismo elemento son afines, es decir, que se entienden bien.

Al igual que sucede con todos los aspectos de la astrología, siempre hay una cara y una cruz, y conocer la «cara oscura» nos puede ayudar a conocernos mejor y a determinar qué podemos hacer para mejorarla o equilibrarla, sobre todo en nuestras relaciones con los demás.

Aire

GÉMINIS ✴ LIBRA ✴ ACUARIO

Estos signos destacan en
el terreno de las ideas. Son
perceptivos, visionarios y
capaces de ver la imagen
general y cuentan con una
cualidad muy reflexiva que los
ayuda a destensar situaciones.
Sin embargo, demasiado aire
puede disipar las intenciones,
por lo que Géminis puede
ser indeciso, Libra tiende
a sentarse a mirar desde la
barrera y Acuario puede
desentenderse de la situación.

Fuego

ARIES ✴ LEO ✴ SAGITARIO

Estos signos despiden calidez
y energía y se caracterizan
por una actitud positiva,
una espontaneidad y un
entusiasmo que pueden
ser muy inspiradores
y motivadores para los
demás. La otra cara de la
moneda es que Aries tiende
a precipitarse, Leo puede
necesitar ser el centro de
atención y Sagitario puede
tender a hablar mucho y
actuar poco.

Tierra

TAURO ✳ VIRGO ✳ CAPRICORNIO

Estos signos se caracterizan
por disfrutar de los placeres
sensuales, como la comida y
otras satisfacciones físicas,
y les gusta tener los pies en
el suelo, por lo que prefieren
basar sus ideas en hechos. El
inconveniente es que Tauro
puede parecer testarudo, Virgo
puede ser un tiquismiquis y
Capricornio puede tender
a un conservadurismo
empedernido.

Agua

CÁNCER ✳ ESCORPIO ✳ PISCIS

Los signos de agua son muy
sensibles al entorno, como
el vaivén de la marea, y
pueden ser muy perceptivos
e intuitivos, a veces hasta
niveles asombrosos, gracias a
su sensibilidad. La otra cara
de la moneda es que tienden a
sentirse abrumados y Cáncer
puede tender tanto a la
tenacidad como a protegerse
a sí mismo, Piscis parecerse a
un camaleón en su manera de
prestar atención y Escorpio
ser impredecible e intenso.

Signos mutables,
fijos y cardinales

Además de clasificarlos según los cuatro elementos, también podemos agrupar los signos en función de las tres maneras en las que sus energías pueden actuar o reaccionar. Así, las características específicas de cada signo adquieren más profundidad.

Cardinales

ARIES ✳ CÁNCER ✳ LIBRA ✳ CAPRICORNIO

Son signos de acción, con una energía que toma la iniciativa y hace que las cosas comiencen. Aries tiene la visión; Cáncer, la emoción; Libra, los contactos, y Capricornio, la estrategia.

Fijos

TAURO ✳ LEO ✳ ESCORPIO ✳ ACUARIO

Más lentos, pero también más tenaces, estos signos trabajan para desarrollar y mantener las iniciativas que han lanzado los signos cardinales. Tauro ofrece consuelo físico; Leo, lealtad; Escorpio, apoyo emocional, y Acuario, buenos consejos. Podemos confiar en los signos fijos, aunque tienden a resistirse al cambio.

Mutables

GÉMINIS ✳ VIRGO ✳ SAGITARIO ✳ PISCIS

Son signos capaces de amoldarse a ideas, lugares y personas nuevos, tienen una capacidad única para adaptarse a su entorno. Géminis tiene una gran agilidad mental; Virgo es práctico y versátil; Sagitario visualiza las posibilidades, y Piscis es sensible al cambio.

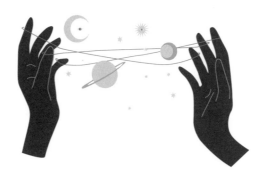

Las 12 casas

La carta astral se divide en 12 casas, que representan otras tantas áreas y funciones en la vida. Cuando nos dicen que tenemos algo en una casa específica, como por ejemplo Libra (equilibrio) en la quinta casa (creatividad y sexo), podemos interpretar de un modo determinado las influencias que pueden surgir y que son específicas a la forma en que podemos abordar ese aspecto de nuestra vida.

Cada casa se asocia a un signo solar y, por lo tanto, cada una representa algunas de las características de ese signo, del que decimos que es su regente natural.

Se considera que tres de estas casas son místicas y tienen que ver con nuestro mundo interior, o psíquico: la cuarta (hogar), la octava (muerte y regeneración) y la duodécima (secretos).

1.ª casa

LA IDENTIDAD

REGIDA POR ARIES

Esta casa simboliza la personalidad: tú, quién eres y cómo te representas, qué te gusta y qué no, y tu manera de entender la vida. También representa cómo te ves y lo que quieres de la vida.

2.ª casa

LOS RECURSOS

REGIDA POR TAURO

La segunda casa simboliza tus recursos personales, lo que posees, incluido el dinero, y cómo te ganas la vida y adquieres tus ingresos. También tu seguridad material y las cosas físicas que llevas contigo a medida que avanzas por la vida.

3.ª casa

LA COMUNICACIÓN

REGIDA POR GÉMINIS

Esta casa habla de la comunicación y de la actitud mental y, sobre todo, de cómo te expresas. También de cómo encajas en tu familia y de cómo te desplazas a la escuela o al trabajo e incluye cómo piensas, hablas, escribes y aprendes.

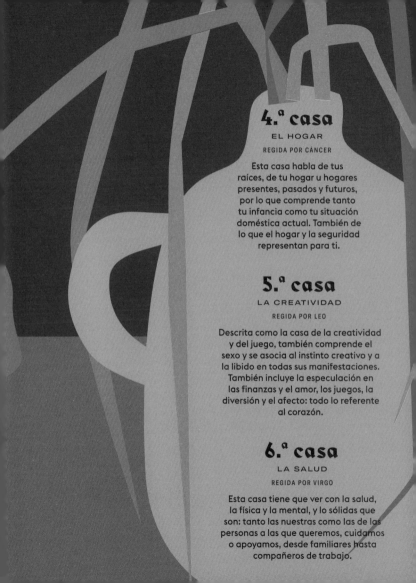

4.ª casa

EL HOGAR

REGIDA POR CÁNCER

Esta casa habla de tus
raíces, de tu hogar u hogares
presentes, pasados y futuros,
por lo que comprende tanto
tu infancia como tu situación
doméstica actual. También de
lo que el hogar y la seguridad
representan para ti.

5.ª casa

LA CREATIVIDAD

REGIDA POR LEO

Descrita como la casa de la creatividad
y del juego, también comprende el
sexo y se asocia al instinto creativo y a
la libido en todas sus manifestaciones.
También incluye la especulación en
las finanzas y el amor, los juegos, la
diversión y el afecto: todo lo referente
al corazón.

6.ª casa

LA SALUD

REGIDA POR VIRGO

Esta casa tiene que ver con la salud,
la física y la mental, y lo sólidas que
son: tanto las nuestras como las de las
personas a las que queremos, cuidamos
o apoyamos, desde familiares hasta
compañeros de trabajo.

7.ª casa

LAS RELACIONES

REGIDA POR LIBRA

Esta casa, opuesta a la primera, refleja los objetivos compartidos y las relaciones íntimas, tu elección de pareja y lo exitosas que pueden ser las relaciones. También refleja las asociaciones y los adversarios en tu mundo profesional.

8.ª casa

LA REGENERACIÓN Y LA MUERTE

REGIDA POR ESCORPIO

Entiende «muerte» como regeneración o transformación espiritual: esta casa también representa los legados y lo que heredas después de la muerte, tanto en rasgos de personalidad como materialmente hablando. Y como la regeneración necesita sexo, esta casa también es la del sexo y las emociones sexuales.

9.ª casa

LOS VIAJES

REGIDA POR SAGITARIO

Esta es la casa de los viajes a larga distancia y de la exploración, así como de la apertura de mente que el viaje puede traer consigo y de cómo se expresa. También refleja la difusión de ideas, que puede traducirse en esfuerzos literarios o de publicación.

11.ª casa

LAS AMISTADES

REGIDA POR ACUARIO

La undécima casa representa los grupos de amistades y de conocidos, la visión y las ideas. No trata de la gratificación inmediata, sino de los sueños a largo plazo y de cómo estos se pueden hacer realidad si somos capaces de trabajar en armonía con los demás.

12.ª casa

LOS SECRETOS

REGIDA POR PISCIS

Se la considera la casa más espiritual y es también la del inconsciente, los secretos y lo que puede estar oculto; es el metafórico esqueleto en el armario. También refleja las maneras encubiertas en que podemos sabotearnos a nosotros mismos y bloquear nuestro propio esfuerzo negándonos a explorarlo.

10.ª casa

LAS ASPIRACIONES

REGIDA POR CAPRICORNIO

Representa nuestras aspiraciones y nuestro estatus social, cuán arriba (o no) deseamos estar socialmente, nuestra vocación y nuestra imagen pública y lo que nos gustaría conseguir en la vida mediante nuestro propio esfuerzo.

El ascendente

El ascendente es el signo del Zodíaco que aparece en el horizonte justo al alba del día en que nacemos y depende del lugar y de la hora de nacimiento. Por eso, cuando hablamos de astrología resulta útil conocer la hora de nacimiento, porque el ascendente ofrece mucha información acerca de los aspectos de tu personalidad que son más evidentes, de cómo te presentas y de cómo te perciben los demás. Por lo tanto, aunque tu signo solar sea Géminis, si tienes ascendente Cáncer es posible que se te perciba como a una persona con instinto maternal, con un compromiso significativo con la vida doméstica, en un sentido o en otro. Conocer tu ascendente (o el de otra persona) te puede ayudar a entender por qué da la impresión de que no hay una relación directa entre la personalidad y el signo solar.

Si sabes la hora y el lugar en que naciste, calcular el ascendente con una herramienta en línea o una aplicación es muy fácil (p. 108). Pregúntale a tu madre o a algún familiar o consulta tu partida de nacimiento. Si la carta astral fuera una esfera de reloj, el ascendente estaría en el 9.

El descendente

El descendente nos da una indicación de un posible compañero de vida, a partir de la idea de que los opuestos se atraen. Una vez conocido el ascendente, calcular el descendente es muy sencillo, porque siempre está a seis signos de distancia. Así, si tu ascendente es Virgo, tu descendente es Piscis. Si la carta astral fuera una esfera de reloj, el descendente estaría en el 3.

El medio cielo (MC)

La carta astral también indica la posición del medio cielo (del latín *medium coeli*), que refleja tu actitud hacia el trabajo, la carrera profesional y tu situación profesional. Si la carta astral fuera una esfera de reloj, el MC estaría en el 12.

El fondo de cielo (IC)

Para terminar, el fondo de cielo (o IC, por el latín *imum coeli*, que alude a la parte inferior del cielo), refleja tu actitud hacia el hogar y la familia y también tiene que ver con el final de tu vida. Tu IC está enfrente de tu MC. Por ejemplo, si tu MC es Acuario, tu IC será Leo. Si la carta astral fuera una esfera de reloj, el IC estaría en el 6.

El retorno de Saturno

Saturno es uno de los planetas más lentos y tarda unos 28 años en completar su órbita alrededor del Sol y regresar al lugar que ocupaba cuando naciste. Este regreso puede durar entre dos y tres años y es muy evidente en el periodo previo al trigésimo y el sexagésimo aniversarios, a los que acostumbramos a considerar cumpleaños importantes.

Como en ocasiones la energía de Saturno puede resultar muy exigente, no siempre son periodos fáciles en la vida. Saturno es un maestro sabio o un supervisor estricto y algunos consideran que el efecto de Saturno es «cruel para ser amable», al igual que los buenos maestros, y nos mantiene en el camino como un entrenador personal riguroso.

Cada uno experimenta el retorno de Saturno en función de sus circunstancias personales, pero es un buen momento para recapacitar, abandonar lo que ya no nos sirve y reconsiderar nuestras expectativas, al tiempo que asumimos con firmeza qué nos gustaría añadir a nuestra vida. Por lo tanto, si estás pasando, o a punto de pasar, por este evento vital, recíbelo con los brazos abiertos y aprovéchalo, porque lo que aprendas ahora (acerca de ti mismo, fundamentalmente) te será muy útil, por turbulento que pueda llegar a ser, y puede rendir dividendos en cómo gestionas tu vida durante los próximos 28 años.

La retrogradación de Mercurio

Incluso las personas a quienes la astrología no interesa demasiado se dan cuenta de cuándo Mercurio se encuentra retrógrado. Astrológicamente, la retrogradación es un periodo en el que los planetas están estacionarios pero, como nosotros seguimos avanzando, da la impresión de que retroceden. Antes y después de cada retrogradación hay un periodo de sombra en el que podríamos decir que Mercurio ralentiza o acelera su movimiento y que también puede ser turbulento. En términos generales, se aconseja no tomar ninguna decisión relativa a la comunicación durante una retrogradación y, si se acaba tomando, hay que tener en cuenta que es muy posible que no sea la definitiva.

Como Mercurio es el planeta de la comunicación, es fácil entender por qué preocupa su retrogradación y la relación de esta con los fracasos comunicativos (ya sean del tipo más tradicional, como cuando enviábamos una carta y se perdía, o la variedad más moderna, como cuando el ordenador se cuelga y nos causa problemas).

La retrogradación de Mercurio también puede afectar a los viajes, por ejemplo con retrasos en los vuelos o los trenes, atascos de tráfico o accidentes. Mercurio también influye en las comunicaciones personales –escuchar, hablar, ser escuchado (o no)– y puede provocar confusión y discusiones. También pude afectar a acuerdos más formales, como contratos de compraventa.

Estos periodos retrógrados ocurren tres o cuatro veces al año y duran unas tres semanas, con un periodo de sombra antes y después. En función de cuándo sucedan, coincidirán con un signo astrológico específico. Si, por ejemplo, ocurre entre el 25 de octubre y el 15 de noviembre, su efecto tendrá que ver con las características de Escorpio. Por otro lado, las personas cuyo signo solar sea Escorpio o que tengan a Escorpio en lugares importantes de su carta, experimentarán un efecto más intenso.

Es fácil encontrar las fechas de retrogradación de Mercurio en tablas astrológicas, o efemérides, y en línea: se pueden usar para evitar planificar en esas fechas eventos que se pudieran ver afectados. Para saber cómo la retrogradación de Mercurio te puede afectar más personalmente, necesitas conocer bien tu carta astral y entender las combinaciones más específicas de los signos y los planetas en la misma.

Si quieres superar con más tranquilidad una retrogradación de Mercurio, has de tener presente la probabilidad de que surjan problemas, así que, en lo posible, prevé que habrá algún retraso y comprueba los detalles un par de veces o tres. No pierdas la actitud positiva si algo que esperabas se pospone y entiende este periodo como una oportunidad para hacer una pausa, repasar y reconsiderar ideas tanto en tu vida personal como en la profesional. Aprovecha el tiempo para corregir errores o reajustar planes, para estar preparado cuando la energía se desbloquee y todo pueda fluir con más facilidad.

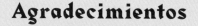

Agradecimientos

Quiero transmitir un agradecimiento especial a mi fiel equipo de Tauros. En primer lugar, a Kate Pollard, directora editorial, por su pasión por los libros maravillosos y por haber encargado esta colección. Y a Bex Fitzsimons, por su edición tan benévola como meticulosa. Y, finalmente, a Evi O. Studio, cuyo talento dibujando e ilustrando han producido estas pequeñas obras de arte. Con un equipo tan lleno de estrellas, estos libros no pueden más que brillar. Y os doy las gracias por eso.

Acerca de la autora

Stella Andromeda estudia astrología desde hace
más de treinta años y está convencida de la
utilidad de conocer las constelaciones celestes
y sus posibles interpretaciones psicológicas. La
traducción de sus estudios en libros ofrece una
visión moderna y accesible de la antigua sabiduría
de las estrellas, que transmite su firme convicción
de que la reflexión y el autoconocimiento
nos hacen más fuertes. Con su sol en Tauro,
ascendente Acuario y Luna en Cáncer, utiliza la
tierra, el aire y el agua para inspirar su
viaje astrológico personal.

La edición original de esta obra ha sido publicada en
el Reino Unido en 2019 por Hardie Grant Books, sello editorial
de Hardie Grant Publishing, con el título

Gemini: A Guide To Living Your Best Astrological Life

Traducción del inglés
Montserrat Asensio

Primera edición: febrero de 2020

Impreso en China
Depósito legal: B 24039-2019
Código Thema: VXFAI

ISBN 978-84-16407-73-6